RÉPUBLIQUE FRANÇAISE

DÉPARTEMENT DE VAUCLUSE

SERVICE VICINAL

INSTRUCTION SPÉCIALE

POUR L'APPLICATION DE LA LOI DU 12 MARS 1880.

AVIGNON

SEGUIN FRÈRES, IMPRIMEURS-ÉDITEURS

13, rue Bouquerie, 13

1888

RÉPUBLIQUE FRANÇAISE

DÉPARTEMENT DE VAUCLUSE

SERVICE VICINAL

INSTRUCTION SPÉCIALE

POUR L'APPLICATION DE LA LOI DU 12 MARS 1880.

AVIGNON
SEGUIN FRÈRES, IMPRIMEURS-ÉDITEURS
13, rue Bouquerie, 13

1888

ARRÊTÉ

DU PRÉSIDENT DU CONSEIL, MINISTRE DE L'INTÉRIEUR.

La présente Instruction est approuvée pour recevoir son exécution à dater de ce jour.

Fait à Paris, le 1er août 1888.

Le Président du Conseil, Ministre de l'Intérieur,

Signé : Ch. FLOQUET.

CHAPITRE 1er.

Obligations imposées aux départements et aux communes

I. La loi du 12 mars 1880 a pour but l'achèvement du réseau vicinal ; les effets en sont limités aux travaux de construction proprement dits (Loi du 12 mars 1880, art. 1er ; Décret du 3 juin 1880, art. 2).

II. Pour être admises à profiter des avantages offerts par cette loi, les communes sont tenues :

1o De consacrer aux dépenses de la vicinalité l'intégralité des ressources spéciales ordinaires mises à leur disposition par les lois en vigueur (L. art. 8) ;

2o D'assurer l'entretien normal et permanent de leurs chemins construits et à l'état de viabilité (D. art. 5) ;

3o D'appliquer aux travaux pour lesquels elles demandent des subventions, leurs revenus ordinaires disponibles, ainsi que la portion des ressources spéciales restée libre après prélèvement des sommes nécessaires pour l'acquittement des contingents dus aux grandes lignes et l'entretien des chemins vicinaux ordinaires construits et en viabilité (D. art. 3) ;

4o De couvrir au moyen de *ressources extraordinaires*, dans la proportion fixée par le tableau A annexé au décret du 3 juin 1880, le déficit subsistant après application des ressources ordinaires et spéciales indiquées au paragraphe précédent (D. art. 1er).

Les obligations indiquées aux paragraphes 1o et 4o sont imposées aux départements, en ce qui touche les chemins de grande communication et d'intérêt commun (L. art. 4 et 8 ; D. art 1er).

III. Les ressources qui doivent obligatoirement être consacrées à la vicinalité, sont :

1o *Pour les communes :*

(a) Les ressources ordinaires énumérées à l'article 133 de la loi du 5 avril 1884, dans la limite de la portion disponible (1).

---

(1) Les centimes additionnels pour insuffisance de revenus, étant classés parmi les ressources ordinaires (loi du 5 avril 1884, art. 133) ne sont pas considérés comme sacrifices donnant droit à subvention.

(*b*) Les trois journées de prestations et les 5 centimes spéciaux ordinaires dont le vote est autorisé par l'article 2 de la loi du 21 mai 1836 ;

(*c*) Le reliquat provenant des ressources ordinaires ;

2° *Pour les départements :*

Le produit des centimes spéciaux que les départements sont autorisés, par la loi annuelle de finances, à inscrire au budget ordinaire pour dépenses de la vicinalité.

CHAPITRE II.

Etablissement du programme annuel.

§ 1er. — RÈGLES GÉNÉRALES.

IV. Le Ministre de l'Intérieur fixe, chaque année, le montant de la subvention qui doit servir de base à l'établissement du programme ; le crédit notifié à chaque département détermine la limite extrême du concours de l'Etat.

V. Sont exclus du bénéfice des subventions de l'Etat, les travaux ayant pour objet la restauration et l'amélioration des chemins parvenus à l'état d'entretien ou de viabilité, et notamment :

1° Les rechargements de chaussées ;

2° L'établissement de trottoirs et caniveaux pavés ;

3° La substitution d'une chaussée pavée à une chaussée d'empierrement ;

4° La construction d'égouts ;

5° Le convertissement de cassis en aqueducs ;

6° Les améliorations dans les traverses des villes, bourgs et villages, et en particulier les rescindements.

VI. La loi du 12 mars 1880 ne peut recevoir d'application pour le payement de dépenses faites préalablement à l'accomplissement des formalités prescrites.

VII. Les communes ne peuvent obtenir le concours de l'Etat pour de nouveaux chemins qu'après avoir terminé la construction de ceux qui ont été commencés par application de la loi du 12 mars 1880 (D, art. 5).

L'exécution de tout chemin subventionné doit être poursuivie sans interruption au moins jusqu'à la rencontre d'une voie de communication à l'état de viabilité ou d'un centre de population de quelque importance.

VIII. L'inscription simultanée au programme de plusieurs chemins pour une même commune n'est admise qu'autant que ces chemins peuvent être entièrement construits dans le délai d'exécution de ce programme.

Dans le cas contraire, les ressources doivent être concentrées sur le chemin dont la construction présente le plus d'intérêt.

IX. Le concours de l'Etat est expressément subordonné au vote annuel d'un crédit spécial par le Parlement et rigoureusement limité par ce crédit.

Les départements et les communes ne sont donc pas fondés à compter sur ce concours pour le payement des dépenses qu'ils engageraient avant de les avoir comprises au programme.

X. Chaque année, dans la session d'août, le Conseil général arrête, pour l'année suivante :

1° Sur la proposition du Préfet,

L'é at des travaux à exécuter sur les chemins de grande communication et d'intérêt commun en faveur desquels le Département sollicite des subventions ;

2° Sur la proposition des conseils municipaux et l'avis du Préfet,

L'état des travaux à subventionner sur les chemins vicinaux ordinaires, avec indication des ressources communales et départementales affectées à ces travaux.

Le Conseil général vote, en même temps les ressources qu'il entend appliquer à ces travaux (L. art. 5).

XI. Les départements peuvent prendre à leur charge tout ou partie de la part contributive incombant aux communes ; la même faculté de substitution est donnée aux communes admises par le Conseil général à bénéfier de la loi, et pour lesquelles le Département refuserait tout ou partie du concours prévu par l'article 1er du décret du 3 juin 1880 (L. art. 6).

XII. Les parts contributives inscrites au programme pour les communes, le Département et l'Etat sont calculées sur les évaluations des projets ; elles sont rectifiées ultérieurement d'après les résultats des adjudications, qui déterminent le montant des dépenses autorisées.

XIII. La partie de la subvention normale correspondant aux rabais obtenus pourra être maintenue à la disposition du Département et servir, s'il y a lieu, à l'établissement d'un programme supplémentaire.

XIV. Le programme se compose de deux états distincts s'appliquant : l'un aux chemins de grande communication et d'intérêt commun, l'autre aux chemins vicinaux ordinaires.

Ces états, revêtus de la signature du Président du Conseil général, sont adressés à l'Administration supérieure dans le mois qui suit la clôture de la session d'août.

Les modifications dont le programme est susceptible sont opérées par le Conseil général, en session d'avril ; passé cette époque, le programme est définitif et ne reçoit plus aucun changement.

§ 2. — Règles spéciales aux chemins vicinaux ordinaires.

XV. La subvention à fournir par le Département doit être imputée sur les ressources extraordinaires (D. art. 8).

Toutefois, lorsque les besoins des chemins de grande communication et d'intérêt commun n'absorbent pas la totalité des ressources spéciales ordinaires, le reliquat peut, dans les mêmes conditions que les ressources extraordinaires, concourir à la formation de la part du Département, à condition qu'aucune subvention ne soit demandée à l'État en faveur des chemins de grande communication ou d'intérêt commun.

XVI. En cas de substitution d'une commune à une autre pour l'exécution d'un chemin vicinal ordinaire, la subvention de l'État est calculée d'après la valeur du centime de la commune sur le territoire de laquelle le chemin est situé.

§ 3. — Evaluation des dépenses. — Projets.

XVII. La dépense des travaux à subventionner est déterminée par des projets définitifs approuvés *avant leur inscription au programme* (D. art. 2).

XVIII. Afin d'employer aussi fructueusement que possi_
ble les subventions de l'Etat, il importe d'en éviter la
dissémination ; dans ce but, on ne doit comprendre au programme que des projets s'élevant au minimum à 5,000 fr.,
à moins qu'il s'agisse de chemins pouvant être entièrement
construits ou achevés avec une dépense moindre.

Au delà de ce chiffre. toute latitude est laissée au service
vicinal pour apprécier, suivant les circonstances, l'importance à donner aux projets à condition que le montant
intégral de chaque projet soit porté sur *un seul programme*.

XIX. Lorsqu'il est nécessaire de répartir sur plusieurs
programmes la dépense de construction ou d'achèvement
d'un chemin, le service vicinal dressse un *avant-projet*
destiné à déterminer la dépense totale à faire, et à permet-
tre au Conseil général, ou à la Commission départementale
d'arrêter définitivement le tracé. Cet avant-projet est ensuite
transformé en projets définitifs distincts, au fur et à mesure
de l'établissement des programmes ultérieurs.

S'il existait pour la longueur totale restant à construire,
un projet définitif, trop important pour être inscrit sur un
seul programme, il serait scindé de même en projets
partiels.

XX. Il pourra être fait exception à la règle précédente
pour les travaux qui ne se prêteraient pas à l'établissement
de projets partiels successifs, et notamment pour les ouvrages d'art d'une certaine importance. La dépense bien que
déterminée par un projet unique, pourra, en cas de nécessité démontrée, être répartie sur deux programmes consécutifs.

Dans ce cas, la moitié au moins de la dépense prévue
sera comprise au premier programme.

XXI. Les avant-projets et les projets définitifs se compo-
seront des pièces énumérées à l'annexe modèle n° 1 de
l'Instruction générale sur le service des chemins vicinaux
les pièces écrites seront conformes aux modèles prescrits
par la circulaire du 20 août 1881.

§ 4. — Ressources. — Formation de la part contributive
des départements et des communes.

XXII. Chaque année, après le règlement des budgets

communaux, le Préfet fait connaître au service vicinal la portion des *ressources communales ordinaires* disponibles qui, par suite, doit être appliquée aux travaux du programme et venir en déduction de la dépense à subventionner (D. art. 3).

XXIII. Les ressources extraordinaires au moyen desquelles les départements et les communes peuvent acquitter la part qui leur incombe dans le montant de la dépense subventionnée sont les suivantes :

Pour les départements :

1° Les offres de concours des communes provenant de ressources extraordinaires ;

2° Les souscriptions particulières ;

3° Les centimes extraordinaires ;

4° Les emprunts remboursables au moyen de *ressources extraordinaires*, sauf l'exception indiquée à l'article 15 ;

5° Enfin les produits éventuels du budget extraordinaire.

Pour les communes :

1° Les impositions extraordinaires dûment autorisées ;

2° Le produit des aliénations de biens communaux ;

3° Le remboursement de capitaux exigibles et de rentes rachetées ;

4° Le produit des coupes extraordinaires de bois ;

5° Les emprunts remboursables au moyen de *ressources extraordinaires ;*

6° Les souscriptions particulières en argent.

7° Les cessions gratuites de terrains dûment justifiées et les autres souscriptions particulières en nature.

8° Enfin, les produits divers extraordinaires ne rentrant pas dans l'énumération précédente.

XXIV. Les fonds libres communaux provenant d'exercices antérieurs ne sont considérés comme sacrifices donnant droit aux subventions de l'Etat que s'il est établi qu'ils proviennent de ressources extraordinaires.

XXV. Les ressources destinées à former les contingents respectifs des départements et des communes doivent être inscrites aux budgets de l'année correspondant au programme.

CHAPITRE III.

Justifications à produire à l'appui du programme.

XXVI. A l'appui du programme, le Préfet adresse à l'Administration supérieure les renseignements généraux et les documents désignés ci-après :

1° La délibération du Conseil général arrêtant les états des travaux à subventionner.

2° Un état présentant la répartition, par catégories de chemins, du crédit de réalisation sur fonds d'emprunts à ouvrir pour l'exécution de la loi du 12 mars 1880, et, s'il y a lieu, pour les travaux non subventionnés.

3° Le numéro du *Recueil des Actes administratifs* portant répartition des ressources créées par les communes en exécution de l'article 2 de la loi du 21 mai 1836 (Art. 126 de l'Instruction générale du 6 décembre 1870).

CHEMINS DE GRANDE COMMUNICATION ET D'INTÉRÊT COMMUN.

XXVII. L'état modèle n° 1er est accompagné :

1° Des projets définitifs des travaux portés au programme et, s'il y a lieu, des avant-projets dont ils sont extraits ;

2° D'un graphique indiquant la situation matérielle du chemin dont la construction est projetée.

CHEMINS VICINAUX ORDINAIRES.

XXVIII. Les justifications suivantes sont produites. pour chaque commune, en même temps que le tableau modèle n° 2 :

1° Projet définitif des travaux à subventionner accompagné, s'il y a lieu, de l'avant-projet dressé en conformité de l'art. XIX.

2° État constatant que les conditions imposées par l'article 5 du décret du 3 juin 1880, en ce qui touche le vote des ressources spéciales et l'entretien des chemins construits ou en viabilité, sont remplies ;

3° Calque du plan d'assemblage du cadastre, figurant les routes et chemins de toute catégorie qui desservent la commune, avec indication de l'état matériel de ces chemins, de l'emplacement des travaux compris au programme et de ceux qui ont été exécutés antérieurement, par application de la loi du 12 mars 1880 ;

3° La délibération du conseil municipal créant les ressources nécessaires pour couvrir la part à la charge de la commune avec les pièces justifiant la réalité des souscriptions particulières en argent ou en nature (V. annexe, modèle de délibération). ·

Ces pièces sont renfermées dans un bordereau.

CHAPITRE IV.

Subventions extraordinaires pour ouvrages d'art ou besoins exceptionnels.

XXIX. Des subventions extraordinaires peuvent, en vertu de l'article 9 de la loi, être accordées aux départements et aux communes pour l'exécution des ouvrages d'art d'une importance exceptionnelle, dont la dépense, hors de proportion avec les ressources locales, ne peut être couverte au moyen de ces ressources et de la subvention proportionnelle de l'Etat.

Il peut également être accordé des subventions extraordinaires dans le cas de besoins ou de circonstances exceptionnels.

XXX. La dépense prévue pour les travaux à subventionner extraordinairement doit être inscrite au programme pour la partie qui peut être couverte à l'aide des ressources départementales et communales et de la subvention normale correspondante.

XXXI. Les demandes de subventions extraordinaires font l'objet d'un dossier spécial, comprenant :

1° Un rapport ayant pour objet d'établir ou de faire connaître :

(a) La nécessité de la construction projetée, la dépense à faire et son rapport avec les avantages qui doivent en résulter ;

(b) Le nombre des communes intéressées, leur population, leur situation financière, la part contributive qui peut équitablement être demandée à chacune d'elles, et les sacrifices qu'elles consentent à s'imposer ;

(c) Les motifs qui s'opposent à ce que le département et les communes supportent la totalité du sacrifice fixé par le décret du 3 juin 1880 ;

2° S'il s'agit d'un pont, un extrait de la carte au $1/100,000^e$ indiquant l'emplacement et la nature de tous les ouvrages construits, sur le même cours d'eau, dans un rayon de 15 kilomètres en amont et en aval du point où ce pont doit être établi (1).

3° Le projet des travaux à exécuter.

4° Un état récapitulatif des voies et moyens proposés.

XXXII. Les projets concernant les ouvrages d'art à subventionner extraordinairement ne doivent comprendre que la partie des abords dont l'exécution est inséparablement liée à celle de l'ouvrage proprement dit.

XXXIII. L'allocation des subventions extraordinaires de l'État fait, pour chaque ouvrage, l'objet d'une décision spéciale, à laquelle la mise en adjudication des travaux est subordonnée.

CHAPITRE V.

Exécution du programme.

XXXIV. Le programme n'est mis à exécution qu'après autorisation du Ministre de l'Intérieur.

XXXV. L'exécution des travaux subventionnés a lieu conformément aux dispositions des articles 149 et suivants l'Instruction générale du 6 décembre 1870, sur le service des chemins vicinaux.

Aucun travail ne doit être entrepris avant que les ressources nécessaires pour couvrir la dépense aient été assurées.

XXXVI. Dans la quinzaine qui suit chaque adjudication, un extrait du procès-verbal de cette opération est transmis au Ministre de l'Intérieur.

Lorsque des circonstances particulières obligent à traiter

---

(1) On indiquera s'il existe un bac à l'emplacement du pont projeté.

de gré à gré, ou à recourir à l'exécution en régie, le Préfet adresse à l'Administration supérieure une copie de la soumission approuvée ou de l'arrêté *motivé* autorisant ce mode particulier d'exécution.

§ 1er. — RÉALISATION DES EMPRUNTS A LA CAISSE DES CHEMINS VICINAUX.

XXXVII. Au fur et à mesure de l'exécution des travaux, la Caisse des chemins vicinaux met à la disposition des départements et des communes, par l'intermédiaire du Ministre de l'Intérieur, les fonds d'emprunts dont la réalisation est prévue au programme.

Les demandes de réalisation d'emprunts donnent lieu à la production d'états dont les modèles sont annexés à la présente Instruction.

§ 2. — VERSEMENT DES SUBVENTIONS NORMALES.

XXXVIII. La subvention inscrite au programme pour chaque entreprise constitue le maximum du concours de l'Etat.

Cette subvention est réduite proportionnellement aux économies ressortant du règlement définitif des dépenses admis par le Ministre.

Les dépenses supplémentaires ne donnent lieu à aucune subvention de l'Etat, si elles n'ont été préalablement autorisées par le Ministre.

XXXIX. Les subventions de l'Etat ne sont versées que sur la justification que les communes et les départements ont déjà employé au payement des travaux la totalité de leur part contributive (D. art. 10).

Les communes et les départements, dès qu'ils sont en mesure de produire cette justification, peuvent obtenir le versement d'un acompte unique ne dépassant pas les deux tiers de la subvention inscrite au programme.

XL. Les propositions de versement des subventions de l'Etat sont dressées par l'Agent voyer en chef et remises au Préfet qui, après vérification, les fait parvenir au Ministère.

XLI. Les justifications à annexer à ces propositions sont énumérées ci-après :

Acompte.

Extrait des livres de comptabilité du service vicinal indiquant :

(a) La dépense faite ;

(b) La date et le montant de chacun de payements effectués.

Solde (après acompte).

1er cas. — Solde lorsqu'il s'agit de dépenses portées sur
un seul programme.

1° Compte rendu comparatif des dépenses autorisées et des dépenses effectuées ;

2° Actes de cession des terrains abandonnés gratuitement ou copies certifiées de ces actes (1) ;

2° cas. — Dépenses portées sur deux programmes consécutifs (art. XX). Solde de la subvention inscrite au premier programme.

Extrait des livres de comptabilité du service vicinal indiquant :

(a) La dépense faite ;

(b) La date et le montant de chacun des payements effectués.

Solde de la subvention inscrite au second programme.

1° Compte rendu comparatif des dépenses autorisées et des dépenses effectuées.

Ce compte rendu comprendra la totalité des dépenses subventionnées sur les deux programmes consécutifs.

2° Actes de cessions des terrains abandonnés gratuitement ou copies certifiées de ces actes (1).

Solde (sans acompte)

1er cas. — Solde lorsqu'il s'agit de dépenses portées sur
un seul programme.

1° Compte rendu comparatif des dépenses autorisées et des dépenses effectuées.

2° Acte de cession des terrains abandonnés gratuitement ou copies certifiées de ces actes (1).

---

(1) Les originaux de ces actes, produits à titre de communication, seront renvoyés à la Préfecture.

3° Extrait des livres de comptabilité du service vicinal indiquant :

(a) La dépense faite ;

(b) La date et le montant de chacun des payements effectués.

2° CAS. — *Dépenses portées sur deux programmes consécutifs (art. XX). Solde de la subvention inscrite au premier programme.*

Extrait des livres de comptabilité du service vicinal indiquant.

(a) La dépense faite ;

(b) La date et le montant de chacun de payements effectués.

Solde de la subvention inscrite au second programme.

1° Compte rendu comparatif des dépenses autorisées et des dépenses effectuées.

Ce compte rendu comprendra la totalité des dépenses subventionnées sur les deux programmes.

2° Actes de cession des terrains abandonnés gratuitement ou copies certifiées de ces actes (1).

3° Extrait des livres de comptabilité du service vicinal indiquant :

(a) La dépense faite ;

(b) La date et le montant de chacun des payements effectués.

XLII. Les opérations du programme doivent être terminées et entièrement liquidées dans un délai de deux années à l'expiration duquel les subventions normales non employées sont définitivement annulées (L. art. 7).

§ 3. VERSEMENT DES SUBVENTIONS EXTRAORDINAIRES.

XLIII. Le versement des subventions extraordinaires n'a lieu qu'après emploi intégral des autres ressources affectées à l'entreprise et sur la production des pièces sus-indiquées, auxquelles l'Agent voyer en chef joint :

---

(1) Les originaux de ces actes, produits à titre de communication, seront renvoyés à la Préfecture.

1º Un rapport établissant la situation financière de l'entreprise et justifiant la nécessité du versement demandé ;

2º Le projet des travaux.

Ce versement peut être effectué en plusieurs acomptes.

Le solde n'est versé qu'après l'achèvement complet des travaux.

CHAPITRE VI.

Dispositions de comptabilité.

XLIV. Les subventions applicables aux chemins de grande communication et d'intérêt commun sont rattachées au budget départemental ; elles forment, au paragraphe 5 de la nomenclature des produits éventuels départementaux, un article spécial de recettes, et sont réparties en dépenses au sous-chapitre IV.

Par exception, les subventions correspondant à des impositions extraordinaires ou à des emprunts votés en principe par le Conseil général, mais qui n'auraient pas encore été autorisés par le Parlement, ne doivent pas figurer au budget.

Ces subventions sont ultérieurement rattachées audit budget par décisions modificatives spéciales, après que les projets d'imposition ou d'emprunt ont reçu la sanction législative.

XLV. Dans la session d'avril, le Conseil général, afin d'assurer la continuation du programme de l'année précédente, est appelé à voter l'inscription au budget de l'exercice en cours, des subventions de l'Etat, et des fonds d'emprunt prévus au budget de l'exercice clos, mais non réalisés au titre de cet exercice.

Les modifications budgétaires résultant de ce vote sont insérées dans le projet de décision soumis à l'assemblée départementale et comprenant l'ensemble des propositions concernant les divers services départementaux.

Ce projet de décision est établi en double expédition sur la formule modèle nº 25, annexée au règlement du 30 novembre 1840.

CHAPITRE VII.

Compte rendu des opérations.

XLVI. A l'expiration de la période d'exécution du programme, l'Agent voyer en chef, conformément aux prescriptions de l'article 11 de la loi, établit le compte rendu des opérations effectuées, ainsi que le compte d'emploi des subventions extraordinaires accordées par application de l'article 9 de la loi.

Ce compte est dressé sur les trois formules distinctes ; il est envoyé au Ministère le 30 avril au plus tard, accompagné d'un rapport signalant les particularités de nature à fixer l'attention de l'Administration supérieure.

ANNEXES.

Loi du 12 mars 1880

portant : 1° ouverture au Ministre de l'Intérieur et des Cultes, sur l'exercice 1879, d'un crédit extraordinaire de 80 millions de francs pour subventions aux chemins vicinaux ; 2° annulation, sur l'exercice 1880, d'un crédit de 5,750,000 francs ouvert pour le même objet.

Le Sénat et la Chambre des députés ont adopté,
Le Président de la République promulgue la loi dont la teneur suit :

Article premier.

Une somme de 80 millions de francs, destinée à venir en aide aux communes et aux départements pour l'achèvement de leur vicinalité, sera reversée à la Caisse des chemins vicinaux.

Les sommes non employées et qui auront été reversées en compte courant au Trésor ne porteront pas d'intérêt au profit de ladite caisse.

Art. 2.

Il est ouvert, à cet effet, au Ministre de l'Intérieur et des Cultes, sur l'exercice 1879, en sus des crédits accordés par la loi de finances du 22 décembre 1878, et par des lois spéciales, un crédit extraordinaire de 80 millions de francs à inscrire à un chapitre spécial portant le n° 35 *bis* et intitulé : *Subvention extraordinaire à la Caisse des chemins vicinaux.*

Art. 3.

Il sera pourvu à cette dépense par l'application au budget de l'exercice 1879 de la portion disponible de l'excédent final de recettes de l'exercice 1876, et, pour le surplus, par un prélèvement sur l'excédent de recettes de l'exercice 1877.

Art. 4.

La somme précitée de 80 millions de francs sera employée jusqu'à concurrence de 17,250,000 francs, à raison de 5,750,000 francs par chacune des années 1880, 1881 et 1882, pour pourvoir à l'achèvement des opérations engagées par la loi du 11 juillet 1868.

Le surplus, soit 62,750,000 francs, sera employé en subventions aux communes et aux départements, en vue de la construction de chemins déterminés.

Ces subventions seront attribués dans les conditions qui seront déterminées par un règlement d'administration publique, en ayant égard aux besoins, aux ressources et aux sacrifices des départements et des communes.

Il ne sera tenu compte, dans le calcul, que de la portion de dépense à couvrir au moyen de ressources extraordinaires.

Art. 5.

Les conseils généraux arrêteront chaque année :

1º Sur la proposition des conseils municipaux, les travaux de construction à subventionner sur les chemins vicinaux ordinaires, avec indication des ressources communales qui auront été affectés à ces travaux, et de la part à la charge du budget départemental qu'ils prendront l'engagement d'acquitter ;

2º Les travaux de construction à faire sur les chemins de grande communication et d'intérêt commun en faveur desquels ils sollicitent des subventions, ainsi que les ressources extraordinaires départementales qu'ils affectent à ces travaux.

Art. 6.

Les conseils généraux auront la faculté de prendre à la charge des départements tout ou partie de la dépense qui, d'après le règlement d'administration publique, devrait incomber aux communes. Les communes pourront également prendre à leur charge la part de subvention incombant aux départements, dans le cas où les conseils généraux, tout en portant les chemins qu'elles veulent construire sur l'état des chemins à subventionner, ne voteraient pas de subvention en leur faveur.

Art. 7.

Les subventions dont il n'aura pas été fait emploi dans l'année qui suivra celle pour laquelle elles auront été accordées seront annulées.

Art. 8.

Pourront seuls recevoir des subventions, les départements et les communes qui consacreront aux dépenses de la vicinalité la totalité des ressources spéciales ordinaires que la loi met à leur disposition pour cet effet.

Art. 9.

Des décrets rendus sur l'avis du Conseil d'Etat détermineront :

1° Le chiffre des prélévements qui pourront être faits chaque année en faveur des ouvrages d'art, de l'établissement de la carte de France et des autres dépenses intéressant la vicinalité;

2° Le chiffre de la réserve dont le Ministre de l'Intérieur pourra disposer pour subventions justifiées par des circonstances ou des besoins exceptionnels.

Art. 10.

Est et demeure annulé le crédit de 5,750,000 francs ouvert par la loi du budget des dépenses de l'exercice 1880 au Ministre de l'Intérieur et des Cultes, chapitre 35, sous le titre de *Subventions pour l'achèvement des chemins vicinaux ordinaires et d'intérêt commun.*

Art. 11.

Le Ministre de l'Intérieur et des Cultes rendra compte, chaque année, au Président de la République, dans un rapport qui sera communiqué au Sénat et à la Chambre des députés, de la distribution des subventions ainsi que des dépenses et de l'état d'avancement de la vicinalité.

Les frais d'administration relatifs à l'exécution de la présente loi seront prélevés sur le fonds de dotation qu'elle constitue.

La présente loi, délibérée et adoptée par le Sénat et par la Chambre des députés, sera exécutée comme loi de l'Etat.

Fait à Paris, le 12 mars 1880.

Signé : Jules GRÉVY.

Le Ministre de l'Intérieur et des Cultes,
Signé : Ch. LEPÈRE.

Le Ministre des Finances :
Signé : J. MAGNIN.

DÉCRET

portant règlement d'administration publique pour l'exécution de la loi du 12 mars 1880 sur les chemins vicinaux.

Le Président de la République française,

Sur le rapport du Ministre de l'Intérieur et des Cultes ;
Vu l'article 4 de la loi du 12 mars 1880 ;
Vu les lois des 11 juillet 1868, 25 juillet 1873 et 10 avril 1879 ;
Le Conseil d'Etat entendu,

Décrète :

Article premier.

Les subventions à allouer aux communes et aux départements en vertu de l'article 4 de la loi du 12 mars 1880 leur seront attribuées pour des travaux à déterminer chaque année.

Elles seront accordées, en ne tenant compte que de la portion à couvrir à l'aide de ressources extraordinaires : 1° aux communes, pour les chemins vicinaux ordinaires, en raison inverse de la valeur du centime communal, conformément au tableau A ci-annexé ; 2° aux départements, pour les chemins de grande communication et d'intérêt commun, en raison inverse également du produit, par kilomètre carré, du centime départemental, conformément au tableau C ci-annexé.

Art 2.

La dépense des travaux de construction pour lesquels les communes demanderont des subventions sera déterminée par des projets régulièrement dressés et approuvés.

Art. 3.

Elles devront affecter à ces travaux :
1° Leurs revenus ordinaires disponibles ;
2° Les fonds libres de la vicinalité ;
3° Le reliquat de leurs ressources spéciales, déduction faite de toutes les dépenses obligatoires correspondantes.

Art. 4.

La dépense restant à couvrir, après emploi des ressources énumérées à l'article précédent, sera supportée par les communes, le département et l'Etat.

Les communes y contribueront dans les limites fixées par le tableau A précité. Le surplus sera couvert par une subvention que l'Etat et le département acquitteront dans la proportion indiquée pour chacun d'eux par le tableau B ci-annexé.

Art. 5.

A moins de circonstances exceptionnelles, les comniunes ne pourront obtenir le concours du département et de l'Etat pour la construction de nouveaux chemins que si elles poursuivent l'exécution de ceux pour lesquels des subventions leur auront été déjà accordées en vertu de la présente loi. Dans tous les cas, elles devront préalablement justifier qu'elles consacrent aux travaux de la vicinalité la totalité de leurs ressources spéciales et qu'elles sont en mesure d'entretenir leurs chemins déjà construits.

Art. 6.

Les départements qui demanderont des subventions en faveur des chemins de grande communication ou d'intérêt commun devront affecter à la dépense le reliquat de leurs ressources spéciales.

Art. 7.

Le déficit qui sera déterminé, conformément aux règles établies ci-dessus pour les communes, sera supporté par le département et l'Etat dans la proportion indiquée au tableau C ci-annexé.

Art. 8.

Les subventions à accorder aux communes par les départements ne pourront pas être prélevées sur le montant des ressources spéciales ordinaires qu'ils devront employer eux-mêmes pour obtenir des subventions de l'Etat. Le produit de leurs emprunts remboursables au moyen de ces mêmes ressources ne sera pas considéré non plus comme susceptible de former leur part contributive de la dépense, quand ils auront recours à la participation de l'Etat.

Art. 9.

Immédiatement après la clôture de la session dans laquelle le conseil général aura arrêté l'état des travaux de construction à subventionner, le Préfet transmettra au Ministre de l'Intérieur et des Cultes la délibération prise par cette assemblée, en y joignant les justifications prescrites par le présent règlement. Le Ministre prescrira les mesures nécessaires pour faire mettre à la disposition des communes et des départements, par la Caisse des chemins vicinaux, les subventions auxquelles ils auront droit.

Art. 10

Les subventions de l'Etat ne seront versées que sur la justification que les communes et les départements auront déjà employé au payement de leurs travaux la totalité des ressources en argent qu'ils auront pris l'engagement d'y affecter.

DISPOSITIONS TRANSITOIRES.

Art. 11.

Si les chemins à subventionner font partie du réseau constitué en exécution de la loi du 11 juillet 1868, les communes et les départements devront y appliquer, outre les ressources énumérées aux articles 3 et 6 du présent règlement. les subventions qui leur auraient été accordées en vertu de cette loi.

Art. 12.

Jusqu'à la fin de la période d'exécution de la loi du 11 juillet 1868, les fonds provenant d'emprunts contractés en vertu des lois des 11 juillet 1868 et 10 avril 1879, et dont il n'a pas encore été fait emploi, ne pourront donner lieu à l'obtention de subventions que si on leur conserve la destination spéciale à laquelle ils sont affectés.

Il en sera de même des autres ressources extraordinaires qui sont comptées comme sacrifices pour la répartition des subventions accordées par application de la loi du 11 juillet 1868.

Art. 13.

Le Ministre de l'Intérieur et des Cultes est chargé de l'exécution du présent décret.

Fait à Paris, le 3 juin 1880.

Signé : Jules GRÉVY.

Le Ministre de l'Intérieur et des Cultes,
Signé : CONSTANS.

TABLEAU A.

servant à déterminer la part de dépense à couvrir par les communes au moyen de ressources extraordinaires et le montant de la subvention qui doit leur être allouée pour les chemins vicinaux ordinaires.

VALEUR DU CENTIME	PORTION de la dépense à couvrir	
	par les communes au moyen des ressources extra-ordinaires.	au moyen des subventions de l'Etat et du département
Au-dessous de 20 fr........	20 p. %	80 p. %
20 f. 01 c. à 40......	25 —	75 —
40 01 à 60.	30 —	70 —
60 01 à 80.............	35 —	65 —
80 01 à 100...............	40 —	60 —
100 01 à 200...............	50 —	50 —
200 01 à 300......., ...	60 —	40 —
300 01 à 600...	70 —	30 —
600 01 à 900.......	80 —	20 —
900 01 et au-dessus................	90 —	10 —

Tableau B.

*indiquant suivant quelles proportions l'Etat et le département
supporteront la subvention revenant aux communes d'après
le tableau A.*

VALEUR DU CENTIME par kilomètre carré.	PART DE SUBVENTION à la charge	
	de l'État.	du département
Au-dessous de 2 f. 00 c............	80 p. %	20 p. %
2 f. 01 c. à 2 50..............	75 —	25 —
2 51 à 3 00.............	70 —	30 —
3 01 à 3 50...............	65 —	35 —
3 51 à 4 00...............	60 —	40 —
4 01 à 5 00...............	50 —	50 —
5 01 à 6 00...............	40 —	60 —
6 01 à 9 00.	30 —	70 —
9 01 à 15 00	20 —	80 —
15 01 et au-dessus	10 —	90 —

Tableau C.

servant à déterminer, pour les chemins de grande communication et d'intérêt commun, la part des dépenses à couvrir par les départements au moyen de ressources extraordinaires et le montant de la subvention qui doit leur être allouée par l'Etat.

VALEUR DU CENTIME par kilomètre carré.	COEFFICIENT de subvention	DÉPENSE à couvrir par le département
Au-dessous de 2f.00c......	50 p %	50 p. %
2f.01 à 2 50	45 —	55 —
2 51 à 3 00	40 —	60 —
3 01 à 3 50	35 —	65 —
3 51 à 4 00	30 —	70 —

VALEUR DU CENTIME par kilomètre carré.	COEFFICIENT de subvention	DÉPENSE à couvrir par le département.
4f.01 à 5 00c......	25 p. %	75 p. %
5 01 à 6 00.......	20 —	80 —
6 01 à 9 00......	15 —	85 —
9 01 et au-dessus	10 —	90 —

Vu pour être annexé au décret en date du 3 juin 1880.

Le Ministre de l'Intérieur et des Cultes,

Signé : CONSTANS.

TABLEAU

PRÉSENTANT

1° le rapport entre le produit du centime additionnel aux quatre contributions directes et la superficie des départements ; 2° la catégorie dans laquelle chaque département se trouve compris.

RANG DU DÉPARTEMENT	DÉPARTEMENTS.	PRODUIT du centime additionnel aux quatre contributions directes. (1887.)	SUPER-FICIE kilométri-que.	PRODUIT du centime par kilomètre carré.	PART des subventions à supporter par les départe-ments pour les chemins vicinaux ordinaires.	PART de la dépense des chemins de grande communica-tion et d'intérêt commun à couvrir par les départe-ments au moyen de ressources extra-ordinaires.
				fr.		
1	Corse	5.796 72	8.747 41	0 66		
2	Alpes (Hautes-)	7 775 12	5 589 61	1 39		
3	Alpes (Basses-)	9 510 39	6 954 19	1 45	20 p. %	50 p. %
4	Landes	14.507 19	9 321 31	1 56		
5	Lozère	8.511 75	5.169 73	1 65		
6	Savoie	11.172 51	5.759 20	1 94		
7	Savoie (Haute-)	9.442 53	4.317 15	2 19		
8	Creuse	12.124 57	5.568 30	2 23	25 p. %	55 p. %
9	Ariège	11 191 06	4 893 87	2 28		
10	Corrèze	13.983 03	5.866 09	2 38		
11	Pyrénées (Hautes)	12.053 27	4.529 45	2 66		
12	Aveyron	23 536 56	8.743 33	2 69		
13	Indre	18.791 55	6.795 30	2 77	30 p. %	60 p. %
14	Cantal	16.147 79	5.741 47	2 81		
15	Cher	21.239 18	7.199 34	2 95		
16	Pyrénées (Basses-)	23.456 70	7.622 66	3 08		
17	Ardèche,	17.470 61	5.526 65	3 16		
18	Pyrénées-Orientales	14.102 19	4.122 11	3 42	35 p. %	65 p %
19	Vienne	24.175 08	6.970 37	3 47		
20	Loire (Haute-)	17.237 83	4.962 25	3 47		
21	Drôme	22.913 62	6.521 55	3 51		
22	Nièvre	24.099 71	6.816 56	3 54		
23	Dordogne	33.744 24	9.182 56	3 58		
24	Lot	19.030 77	5.211 74	3 65		
25	Vienne (Haute-)	20.361 98	5.516 58	3 69		
26	Loir-et-Cher	23.399 21	6 350 02	3 69		
27	Marne (Haute-)	23 487 63	6.219 68	3 78	40 p. %	70 p. %
28	Morbihan	26.016 82	6.797 81	3 83		
29	Gers,	24.228 04	6.280 31	3 86		
30	Allier	28.324 01	7.308 37	3 88		
31	Ain	22.295 29	5.798 97	3 93		
32	Vendée	26.523 63	6.703 50	3 95		
33	Deux-Sèvres	23.874 17	5.999 88	3 98		
34	Côtes-du-Nord	28.025 45	6.885 62	4 07		
35	Meuse	26.092 71	6.227 87	4 19		
36	Yonne	32.069 52	7.428 04	4 32		
37	Var	26.700 30	6.083 25	4 39	50 p. %	75 p. %
38	Vosges	25.862 80	5.876 56	4 40		
39	Saône (Haute-)	23.659 29	5.339 92	4 43		
40	Jura	22.668 52	4.994 01	4 54		

RANG DU DÉPARTEMENT	DÉPARTEMENTS	PRODUIT du centime additionnel aux quatre contributions directes. (1887.)	SUPERFICIE kilométrique.	PRODUIT du centime par kilomètre carré.	PART des subventions à supporter par les départements pour les chemins vicinaux ordinaires.	PART de la dépense des chemins de grande communication et d'intérêt commun à couvrir par les départements au moyen de ressources extraordinaires.
41	Aube	28.030 07	6.001 39	4 67		
42	Tarn	27.019 88	5.742 16	4 70		
43	Aude	30.444 84	6.313 24	4 82	50 p. %	75 p. %
44	Finistère	32.621 86	6.721 12	4 85		
45	Doubs	25.605 00	5.227 55	4 90		
46	Puy-de-Dôme	40.099 88	7.950 51	5 04		
47	Côte-d'Or	44.972 52	8.761 16	5 13		
48	Mayenne	27.126 88	5.170 63	5 25		
49	Indre-et-Loire	32.868 09	6.113 70	5 33		
50	Ardennes	28.666 71	5.232 89	5 48		
51	Loiret	37.211 11	6 771 19	5 49		
52	Isère	45.556 86	8 289 34	5 50	60 p. %	80 p. %
53	Charente	32 912 85	5.942 38	5 54		
54	Vaucluse	19.917 59	3.547 71	5 62		
55	Ile-et-Vilaine	38 094 65	6 725 83	5 66		
56	Marne	47.603 69	8 180 44	5 82		
57	Saône-et-Loire	49.772 56	8.551 74	5 82		
58	Eure-et-Loir	34.491 22	5.874 30	5 87		
59	Lot-et-Garonne	32.231 05	5.353 96	6 02		
60	Charente-Inférieure	41.833 56	6.825 69	6 13		
61	Orne	37.960 59	6.097 29	6 23		
62	Alpes-Maritimes	23.999 57	3.839 00	6 25		
63	Tarn et-Garonne	23.298 01	3.720 16	6 26		
64	Gard	37.166 71	5.835 56	6 37		
65	Loire Inférieure	43.829 91	6.874 56	6 38		
66	Sarthe	39.582 30	6.206 68	6 39		
67	Maine-et-Loire	47.305 54	7.120 93	6 64	70 p. %	85 p. %
68	Meurthe-et-Moselle	37.540 36	5.243 98	7 18		
69	Aisne	56.279 06	7.352 00	7 65		
70	Garonne (Haute-)	49.065 91	6.289 88	7 80		
71	Hérault	52.042 21	6.198 00	8 40		
72	Oise	49.901 25	5.855 06	8 52		
73	Manche	51.049 58	5.928 38	8 61		
74	Eure	51.311 15	5 957 65	8 62		
75	Seine-et-Marne	49.160 81	5.736 35	8 90		
76	Territoire de Belfort	5.454 25	608 26	8 97		
77	Loire	46.365 59	4.759 62	9 74		
78	Gironde	95.295 16	9.740 32	9 78		
79	Somme	61.469 72	6.161 20	9 98		
80	Pas-de-Calais	67.366 86	6.605 63	10 20	80 p. %	
81	Calvados	62 704 26	5.520 72	11 36		
82	Seine-et-Oise	83.892 85	5.603 65	14 97		90 p. %
83	Bouches-du-Rhône	78.752 13	5.104 87	15 43		
84	Seine-Inférieure	121.190 53	6.033 29	20 21		
85	Nord	148.550 97	5.680 87	26 15	90 p. %	
86	Rhône	91.869 75	2.790 39	32 92		
87	Seine	639.290 22	475 50	1.344 46		
	Totaux	3 644 439 64	528.580 22			

BA

servant à déterminer les parts contributives des communes,
à couvrir au moyen de

VALEUR du centime communal.	PART de la dépense à la charge de la commune.	VALEUR DU CENTIME							
		SÉRIE 1. Au-dessous de 2 fr.		SÉRIE 2. De 2 fr. 01 c à 2 fr. 50 c		SÉRIE 3. De 2 fr. 51 c. à 3 fr.		SÉRIE 4. De 3 fr. 01 c. à 3 fr. 50 c.	
		Subvention à la charge du département.	de l'État.	Subvention à la charge du département.	de l'État.	Subvention à la charge du département.	de l'État.	Subvention à la charge du département.	de l'État.
Au-dessous de 20 f.	20 p. 0/0.	16 p. 0/0.	64 p. 0/0.	20 p. 0/0.	60 p. 0/0.	24 p. 0/0.	56 p. 0/0	28 p. 0/0.	52 p. 0/0.
20 f. 01 c. à 40.	25 p. 0/0.	15 p. 0/0.	60 p. 0/0	18.75 p. 0/0.	56.25 p. 0/0.	22.5 p. 0/0.	52.5 p. 0/0.	26.25 p. 0/0.	48.75 p. 0/0.
40 01 à 60.	30 p. 0/0.	14 p. 0/0.	56 p. 0/0.	17.5 p. 0/0.	52.50 p. 0/0.	21 p. 0/0.	49 p. 0/0.	24.5 p. 0/0.	45 5 p. 0/0.
60 01 à 80.	35 p. 0/0.	13 p. 0/0.	52 p. 0/0.	16.25 p. 0/0.	48.75 p. 0/0.	19.5 p. 0/0.	45 5 p. 0/0.	22.75 p. 0/0.	42.25 p. 0/0.
80 01 à 100.	40 p. 0/0.	12 p. 0/0.	48 p. 0/0	15 p. 0/0.	45 p. 0/0.	18 p. 0/0.	42 p. 0/0.	21 p. 0/0.	39 p. 0/0.
100 01 à 200.	50 p. 0/0.	10 p. 0/0.	40 p. 0/0.	12.5 p. 0/0.	37.5 p. 0/0	15 p. 0/0.	35 p. 0/0.	17.5 p. 0/0.	32.5 p. 0/0.
200 01 à 300.	60 p. 0/0.	8 p. 0/0.	32 p. 0/0.	10 p. 0/0.	30 p. 0/0.	12 p. 0/0.	28 p. 0/0.	14 p. 0/0.	26 p. 0/0.
300 01 à 600.	70 p. 0/0.	6 p. 0/0.	24 p. 0/0.	7.5 p. 0/0.	22.5 p. 0/0.	9 p. 0/0.	21 p. 0/0.	10.5 p. 0/0.	19.5 p. 0/0.
600 01 à 900.	80 p. 0/0.	4 p. 0/0.	16 p. 0/0.	5 p. 0/0.	15 p. 0/0.	6 p. 0/0.	14 p. 0/0.	7 p. 0/0.	13 p. 0/0.
900 f. 01 et au-dessus	90 p. 0/0.	2 p. 0/0.	8 p. 0/0.	2.5 p. 0/0.	7.5 p. 0/0.	3 p. 0/0.	7 p. 0/0.	3.5 p. 0/0.	6.5 p. 0/0.

RÈME

des départements et de l'État, sur le montant de la dépense
ressources extraordinaires.

DÉPARTEMENTAL PAR KILOMÈTRE CARRÉ

SÉRIE 5. De 3 fr. 51 c. à 4 fr.		SÉRIE 6. De 4 fr. 01 c. à 5 fr.		SÉRIE 7. De 5 fr. 01 à 6 fr.		SÉRIE 8. De 6 fr. 01 c. à 9 fr.		SÉRIE 9. De 9 fr. 01 c. à 15 fr.		SÉRIE 10. 15 fr. 01 c. et au-dessus.	
Subvention à la charge		Subvention à la charge		Subvention à la charge		Subvention à la charge		Subvention à la charge		Subvention à la charge	
du département.	de l'État.	du département.	de l'État.	du département.	de l'État.	du département.	de l'État.	du département.	de l'État.	du département.	de l'État.
32 p. 0/0.	48 p. 0/0.	40 p. 0/0.	40 p. 0/0.	48 p. 0/0.	32 p. 0/0	56 p. 0/0.	24 p. 0/0.	64 p. 0/0.	16 p. 0/0.	72 p. 0/0.	8 p. 0/0.
30 p. 0/0.	45 p. 0/0.	37 5 p. 0/0.	37.5 p. 0/0.	45 p. 0/0.	30 p. 0/0.	52.5 p. 0/0.	22.5 p. 0/0.	60 p. 0/0.	15 p. 0/0.	67.5 p. 0/0.	7.5 p. 0/0.
28 p. 0/0.	42 p. 0/0.	35 p. 0/0.	35 p. 0/0.	42 p. 0/0.	28 p. 0/0.	49 p. 0/0.	21 p. 0/0.	56 p. 0/0.	14 p. 0/0.	63 p. 0/0.	7 p. 0/0.
26 p. 0/0.	39 p. 0/0.	32.5 p. 0/0.	32.5 p. 0/0.	39 p. 0/0.	26 p. 0/0.	45.5 p. 0/0.	19.5 p. 0/0.	52 p. 0/0.	13 p. 0/0.	58.5 p. 0/0.	6.5 p. 0/0.
24 p. 0/0.	36 p. 0/0.	30 p. 0/0	30 p. 0/0.	36 p. 0/0.	24 p. 0/0.	42 p. 0/0.	18 p. 0 .	48 p. 0/0.	12 p. 0/0.	54 p. 0/0.	6 p. 0/0.
20 p. 0/0.	30 p. 0/0.	25 p. 0/0	25 p. 0/0.	30 p. 0/0.	20 p. 0/0	35 p. 0/0.	15 p. 0/0.	40 p. 0/0.	10 p. 0/0.	45 p. 0/0.	5 p. 0/0.
16 p. 0/0.	24 p. 0/0	20 p. 0/0.	20 p. 0/0,	24 p. 0/0.	16 p. 0/0	28 p. 0/0.	12 p. 0/0.	32 p. 0/0.	8 p. 0/0.	36 p. 0/0.	4 p. 0/0.
12 p. 0/0	18 p. 0/0.	15 p. 0/0	15 p. 0/0.	18 p. 0/0.	12 p. 0/0.	21 p. 0/0.	9 p. 0/0.	24 p. 0/0.	6 p. 0/0.	27 p. 0/0.	3 p. 0/0.
8 p. 0/0.	12 p. 0/0.	10 p. 0/0.	10 p. 0/0.	12 p. 0/0.	8 p. 0/0.	14 p. 0/0.	6 p. 0/0.	16 p. 0/0.	4 p. 0/0.	18 p. 0/0.	2 p. 0/0.
4 p. 0/0.	6 p. 0/0.	5 p. 0/0.	5 p. 0/0.	6 p. 0/0.	4 p. 0/0.	7 p. 0/0.	3 p. 0 o.	8 p. 0/0.	2 p. 0/0.	9 p. 0/0.	1 p. 0/0.

Voir ci-après le tableau indiquant la série à laquelle appartiennent les départements.

DÉPARTEMENTS.	PART A LA CHARGE des départements		DÉPARTEMENTS.	PART A LA CHARGE des départements	
	pour les chemins de grande communication et d'intérêt commun.	pour les chemins ordinaires (N° de Série.)		pour les chemins de grande communication et d'intérêt commun.	pour les chemins ordinaires (N° de Série.)
Ain	70 p. 0/0	5	Loiret	80 p. 0/0	7
Aisne	85 —	8	Lot	70 —	5
Allier	70 —	5	Lot-et-Garonne	85 —	8
Alpes (Basses)	50 —	1	Lozère	50 —	1
Alpes (Hautes-)	50 —	1	Maine-et-Loire	85 —	8
Alpes-Maritimes	85 —	8	Manche	85 —	8
Ardèche	65 —	4	Marne	80 —	7
Ardennes	80 —	7	Marne (Haute-)	70 —	5
Ariège	55 —	2	Mayenne	80 —	7
Aube	75 —	6	Meurthe-et-Mos.	85 —	8
Aude	75 —	6	Meuse	75 —	6
Aveyron	60 —	3	Morbihan	70 —	5
Bouches-du-Rh.	90 —	9	Nièvre	70 —	5
Calvados	90 —	9	Nord	90 —	10
Cantal	60 —	3	Oise	85 —	8
Charente	80 —	7	Orne	85 —	8
Charente-Infér.	85 —	8	Pas-de-Calais	90 —	9
Cher	60 —	3	Puy-de-Dôme	80 —	7
Corrèze	55 —	2	Pyrénées (Bass.-)	65 —	4
Corse	50 —	1	Pyrénées (Htes-)	60 —	3
Côte-d'Or	80 —	7	Pyrénées-Orient	65 —	4
Côtes-du-Nord	75 —	6	Belfort (Terr. de)	85 —	8
Creuse	55 —	2	Rhône	90 —	10
Dordogne	70 —	5	Saône (Haute-)	75 —	6
Doubs	75 —	6	Saône-et-Loire	80 —	7
Drôme	70 —	5	Sarthe	85 —	8
Eure	85 —	8	Savoie	50 —	1
Eure-et-Loir	80 —	7	Savoie (Haute-)	55 —	2
Finistère	75 —	6	Seine	90 —	10
Gard	85 —	8	Seine-Inférieure	90 —	10
Garonne (Haute-)	85 —	8	Seine-et-Marne	85 —	8
Gers	70 —	5	Seine-et-Oise	90 —	9
Gironde	90 —	9	Sèvres (Deux)	70 —	5
Hérault	85 —	8	Somme	90 —	9
Ile-et-Vilaine	80 —	7	Tarn	75 —	6
Indre	60 —	3	Tarn-et-Garonne	85 —	8
Indre-et-Loire	80 —	7	Var	75 —	6
Isère	80 —	7	Vaucluse	80 —	7
Jura	75 —	6	Vendée	70 —	5
Landes	50 —	1	Vienne	65 —	4
Loir-et-Cher	70 —	5	Vienne (Haute-)	70 —	5
Loire	90 —	9	Vosges	75 —	6
Loire (Haute-)	65 —	4	Yonne	75 —	6
Loire-Inférieure	85 —	8			

DÉPARTEMENT

d

—

ARRONDISSEMENT

d

÷

CANTON

d

COMMUNE d

EXTRAIT

DU

REGISTRE des DÉLIBÉRATIONS du CONSEIL MUNICIPAL

L'an mil huit cent quatre-vingt-   , le
à   heure   d
Le Conseil municipal de la commune d
s'est réuni (1)
                    , sous la présidence de M.
Étaient présents : MM.

                    formant la majorité des membres en exercice.
M.   a été élu secrétaire.
M. le Président dépose sur le bureau le dossier et l
projet   relatifs à la construction d (2)
Il invite aussi le Conseil à délibérer sur les voies et
moyens d'exécution de ce projet .

LE CONSEIL,

Vu l (3)   en date du
          18   portant classement d chemin précité
au rang des chemins vicinaux ordinaires de la commune
sous le n°   et la désignation d   à

---

(1) En session ordinaire *ou* extraordinairement en vertu d'une convo-
cation régulière.
(2) Indiquer s'il s'agit d'un chemin ou d'un ouvrage d'art.
(3) L'arrêté préfectoral *ou* la décision de la commission départementale.

Vu 1   projet   dressé   par les agents voyers le
18   ., pour la construction

; 1   dit   projet   évaluant la dépense comme il suit :
Travaux à l'entreprise ....
Somme à valoir........................

        Total pour travaux.........
Acquisition des terrains ....

        Dépense totale.............

Vu les pièces constatant l'accomplissement des formalités
prescrites par le chapitre IV de l'Instruction générale du
6 décembre 1870 sur les chemins vicinaux desquelles il
résulte q

Vu la loi du 12 mars 1880 et le décret règlementaire du
3 juin suivant ;
Vu la loi du 5 avril 1884;
Considérant q

    Délibère :
1º L   projet sus visé   adopté ;
2º Seront d'abord affectées au payement de la
dépense estimée, comme il est dit plus haut, à.
les ressources ordinaires et spéciales dont suit
le détail.................... ....

    Revenus et produits divers ordi-
    naires disponibles.............

    Fonds libres de la vicinalité......

Portion dis-) 3 journées do pres-
ponible des) tations.......
    5 centimes spéciaux

Reste pour la dépense à couvrir au moyen
    de ressources communales extraordinaires
    et des subventions du département et de
    l'État...............................

Par application du décret du 3 juin 1880 cette somme doit
être ainsi répartie :

    o/o ou   fr.   à la charge de la commune ;

    o/o ou   fr.   à la charge du département ;

    o/o ou   fr.   à la charge de l'État.

(1)

3° La part contributive sus-indiquée de la commune (2)
sera couverte au moyen des
ressources extraordinaires énumérées ci-après :

Prélèvement sur le produit, en 18   et 18 ,
    de l'imposition extraordinaire de   cen-
    times   votée le   18   (3)...

Prélèvement sur le reliquat de   fr.
      restant à réaliser sur l'emprunt
de   autorisé le   18
auprès de la caisse d

Souscriptions en nature (4) :
    Terrains cédés gratuitement........
    Travaux, journées, matériaux........

Souscriptions en argent (4).................

Ces ressources seront complétées de la ma-
nière suivante :

La commune sera imposée extraordinairement, en 18 , de   centimes additionnels
au principal des quatre contributions directes
devant produire ....

Il sera contracté, en 18 , un emprunt de
    fr. auprès de la caisse d   ci.

          Total...................

---

(1) Le cas échéant, on indiquera ici que la commune prend à sa
charge tout ou partie de la part de subvention incombant au département.

(2) On ajoutera, s'il y a lieu, *augmentée de la somme de*   *fr.*
qu'elle donnera au lieu et place du département.

(3) On ajoutera, s'il y a lieu, *et autorisée le*   18 .

(4) Une copie dûment certifiée des titres de souscription devra être
jointe à la présente délibération.

4° Pour assurer le remboursement de l'emprunt de
            francs ci-dessus voté la commune sera
imposée extraordinairement de   centimes   par
franc au principal des quatre contributions directes pendant
dant   ans, à partir du 1er janvier 18   ;
    5° Les souscriptions en nature évaluées ensemble à
        francs, consenties par MM.

et les souscriptions en argent s'élevant également ensemble
à   francs,
offertes par MM.

sont acceptées.
    Le Conseil demande que les travaux faisant l'objet de la
présente délibération soit admis par le Conseil général,
dans l'état des entreprises à subventionner par application
de la loi du 12 mai 1880.
    La séance est levée à   heures   d
Ont signé MM.

Pour expédition conforme au registre :
Le Maire,

(1)

---

(1) Cachet de la mairie.

TABLE DES MATIÈRES

TABLE DES ANNEXES

* 9 7 8 2 0 1 3 3 8 7 0 7 1 *